Kerstin Leppert

Yoga bei Liebeskummer und Trennungsschmerz

So heilen Sie Ihr Herz

AF284580

Gewidmet Yogi Bhajan (1929-2004), Kundalini Yogameister.

„ The greatest value and joy you have is that you are here and now at this time. "

(Yogi Bhajan)

Inhalt

Wie Yoga das Herz heilt

Atmung – die eigene Mitte wiederfinden

Yogaübungen – emotionale Stabilität aufbauen

Mantras – die Vergangenheit loslassen

Mudras – das Wohlbefinden steigern

Meditation – den Heilungsprozess unterstützen

Schlussbemerkung

Literatur und Links

Über mich

Wie Yoga das Herz heilt

Der Anspruch, den wir an Liebesbeziehungen stellen, ist oft sehr hoch: Liebe soll alles sein, sie soll die Leere im eigenen Herzen füllen, jeden ungesagten Wunsch wahr werden lassen, einen immer währenden Glückszustand begründen. Wir suchen uns in den Augen eines idealen Partners zu spiegeln, der nicht nur unsere Schwächen aufwerten, sondern auch unsere Fehler wegliebe soll. In Zeiten, da Ehen nicht mehr aus Vernunftgründen geschlossen werden, hoffen wir unvernünftigerweise auf einen nie endenden Rausch der Gefühle, innige Verbundenheit und unerschöpfliche Leidenschaft. Doch wenn eine Beziehung diesem glamourösen Ideal nicht standhält, folgt der Absturz aus rosa Wolken. Viele verharren in einer unglücklichen Beziehung, stellen ihre Kommunikation ein und leiden unter der Situation. Andere trennen sich von ihrem Partner. Nie zuvor waren die Scheidungsraten so hoch, nie zuvor gab es so viele Singles auf der Jagd nach dem zeitlich und gefühlsmäßig begrenzten Lebensabschnittspartner.

Immer mehr Experten behaupten, dass Männer und Frauen sowieso nicht zusammenpassen, weil sie von unterschiedlichen Planeten kommen oder anders funktionieren. Wir sind gefangen im Widerspruch: Auf der einen Seite brennt die Sehnsucht nach der wahren Herzensverbindung, auf der anderen blockiert uns ein Fatalismus, der auf vergangene gescheiterte Beziehungen zurückzuführen ist. Die Folge: Unser Herz ist nicht offen für wahre, selbstlose Liebe, sondern verletzt, verhärtet oder verschlossen. Wenn eine Beziehung zerbricht und wir wieder auf uns alleine gestellt sind, leiden wir körperlich und seelisch. Viele stürzen in einen Abgrund, fühlen sich nach dem ersten Schock wütend, traurig, einsam, minderwertig. Wir sind nervös und reizbar, können vielleicht nicht schlafen, mögen nichts oder aber zu viel essen, betrinken und betäuben uns, haben Bauch- oder Kopfschmerzen, können nicht aufhören zu weinen oder im anderen Extrem den Gefühlen keinen Ausdruck verleihen, sind verzweifelt oder deprimiert, aggressiv oder stumm. Ähnliche Gefühle durchleiden wir, wenn wir unglücklich verliebt sind, weil der andere unsere Gefühle nicht erwidert, gebunden ist oder sich auf keine Beziehung einlassen will. Selbst in einer äußerlich intakten Beziehung gibt es immer wieder Krisen und Phasen des Liebeskummers, in denen wir uns ungeliebt und einsam fühlen. Die Reaktionen und Symptome bei Liebeskummer sind so vielfältig und unterschiedlich wie die Beziehungen und die Menschen selbst. Daher ist es auch so schwer, damit zurechtzukommen, wenn die Liebe gescheitert ist. Was tun? Was hilft, um über den Schmerz hinwegzukommen?

Eine effektive Methode, das Herz zu stärken und zu heilen, wird uns von den traditionellen Yogatechniken geboten. Die Wurzel der Verletzung liegt genauso wie die der Heilung im eigenen Selbst. „Keiner kann dich verletzen, du lässt nur zu, dass andere dich verletzen", sagte ein weiser Mann einmal. Jeder ist für das eigene Wohlbefinden selbst verantwortlich. Das weiß und fordert auch die moderne Psychotherapie.

Mit Yoga beschreiten wir einen ganzheitlichen Weg, um selbst für unser Wohlergehen zu sorgen, anstatt diese Aufgabe vom Partner erfüllen zu lassen. Der Begriff Yoga kommt vom altindischen „yuj", das für „verbinden" steht. Yogaübungen helfen, Körper, Geist und Seele zu vereinen, uns wieder mit uns selbst und der Außenwelt zu versöhnen. Diese Verbindung birgt den Schlüssel zur Heilung von Liebeskummer, zur Stärkung des Herzens.

Bei meiner Arbeit als Yogalehrerin beobachte ich immer wieder, wie Menschen durch Yoga wachsen, wie ihre Körper- und auch die

Seelenwahrnehmung zunimmt, wie sie sich plötzlich wieder spüren und neu erfahren. Yoga hat nichts mit vorgekauten esoterischen Scheinwahrheiten zu tun. Yoga erschließt sich nicht durch Wissen, sondern durch Erfahrung. Es ist nicht nötig, an irgendetwas zu glauben – und wenn Sie mit Begriffen wie „universelles Bewusstsein" oder „kreative kosmische Kraft" nichts anfangen können, macht das nichts –, Sie spüren trotzdem die Wirkung. Yoga ist weder Religion noch Dogma oder Sportart. Yoga tut gut – es ist ein Weg, um aus dem Gefühlschaos herauszufinden und Klarheit und Glück im eigenen Selbst zu finden.

Kundalini Yoga, das auch als „Mutter des Yoga" bezeichnet wird, wurde vor etwa vierzig Jahren von Yogi Bhajan in den Westen gebracht. Davor galt es als Geheimwissenschaft, die nur vom Meister an ausgewählte Schüler weitergegeben wurde. Kundalini Yoga bietet viele Übungsreihen, so genannte Kriyas, die den Energiefluss stimulieren. In diesem Buch stelle ich Ihnen ein Übungsprogramm vor, das bei akutem Liebeskummer hilft. Es setzt sich zusammen aus Atem- und Körperübungen sowie aktiven Meditationen. Ergänzend lernen Sie Mantras (Meditationswörter) und Mudras (Hand- und Fingerübungen) kennen, die die Übungen und Meditationen intensivieren. Bei manchen Übungen werden Sie sofort einen Effekt spüren, bei anderen ist es für eine nachhaltige Wirkung wichtig, regelmäßig zu üben. Wenn Sie dauerhaft etwas ändern möchten, damit Ihr Herz stark, offen und heil wird, und um sich der bedingungslosen Liebe zu öffnen, ist eine regelmäßige Übungspraxis unerlässlich. Nehmen Sie sich am besten täglich Zeit für sich selbst, um zwanzig bis dreißig Minuten Yoga zu machen.

Suchen Sie sich einen ungestörten, warmen und angenehmen Platz, an dem Sie Ihre Übungen durchführen können. Schön ist es, mit Kerzen, Blumen und meditativer Musik eine Atmosphäre der Ruhe zu schaffen.

Als Sitzunterlage eignet sich ein Schaffell oder eine Yogamatte, eine gefaltete Wolldecke tut es allerdings auch. Unter das Gesäß bzw. zwischen Ober- und Unterschenkel können Sie ein Kissen schieben, dadurch fällt es leichter, aufrecht zu bleiben. Falls Sie nur unter Schmerzen auf dem Boden sitzen können, setzen Sie sich, ohne sich anzulehnen, mit aufrechter Wirbelsäule auf einen Stuhl. Probieren Sie die vorgestellten Übungen aus und wählen Sie dann einige Lieblingsübungen für Ihr persönliches Programm. Folgen Sie dabei Ihrem Gefühl. Ihre Intuition wird Ihnen den Weg weisen.

Üben Sie zuerst immer die lange tiefe Atmung, da sie eine unverzichtbare Basis für jede Yogapraxis bildet. Etwa fünf bis sieben Minuten sollten Sie sich dafür Zeit nehmen, um ganz bei sich anzukommen. Dann machen Sie fünf bis zehn Minuten lang weitere Atemübungen, die Sie je nach Ihrer momentanen Befindlichkeit auswählen, gefolgt von etwa zehn bis fünfzehn Minuten Körperübungen. Den Schluss sollte eine mindestens dreiminütige Meditation bilden.

Tipp: Achten Sie darauf, täglich zwei Liter Wasser zu trinken. Wasser wirkt reinigend und entgiftend und sorgt für innerliche Balance. Emotionale Übererregbarkeit hat oft etwas mit einem Wasserdefizit zu tun. Üben Sie besonders dann, wenn es Ihnen gut geht – damit Sie eine positive Gewohnheit entwickeln, die Sie durch schlechtere Tage trägt.

Ich wünsche Ihnen Zuversicht, Freude und Durchhaltevermögen!

Atmung – die eigene Mitte wiederfinden

In Zeiten emotionaler Krisen kann es sein, dass wir den Kontakt zu unserer Mitte verlieren – körperlich und seelisch. Wir fühlen uns wie zerrissen, getrennt vom Fluss des Lebens, abgespalten von der universellen Energie und Lebensfreude. Wenn wir in solchen Phasen unseren Atem und unseren Körper beobachten, stellen wir fest, dass wir nur oberflächlich atmen, schnell und flach, und dass Bauch, Nacken und Gesicht angespannt sind.

Gefühle beeinflussen den Atem, umgekehrt können wir allerdings auch mit der Atmung unsere Gefühle verändern. Mehr noch, der Atem ist der zentrale Faktor, der unser Lebensgefühl bestimmt. Daher spielt die Atmung beim Yoga eine Hauptrolle und stellt auch bei anderen Entspannungsmethoden von autogenem Training über Qui Gong bis Zen ein wesentliches Element dar. Wenn wir lernen, richtig zu atmen, können wir mit dem Ausatmen die schmerzhaften Gefühle, mit denen Liebeskummer verbunden ist, loslassen und mit dem Einatmen heilende Energie aufnehmen.

Viele Menschen nutzen nur einen Bruchteil ihres Atemvolumens. Das mindert die Lebensqualität. Rund ein Drittel aller Menschen atmet sogar paradox. Das bedeutet, sie ziehen beim Einatmen den Bauch ein und lassen ihn beim Ausatmen wieder los oder sie halten ständig eine Grundspannung. Für bestimmte Sportarten mag es sinnvoll sein, Bauch, Beckenboden und Rumpf angespannt zu lassen. Wer jedoch dauerhaft paradox atmet, verliert die Verbindung zu seinem Zentrum.

Der wichtigste Atemmuskel ist das Zwerchfell, das sich zwischen Bauch und Lunge befindet. Indem wir den Bauch vorwölben oder einziehen, bewegt sich das Zwerchfell auf und ab.

Um in Kontakt mit der Körpermitte zu kommen, muss man lang und tief in den Bauch atmen. Der Bauch ist der Sitz der Gefühle und gilt auch als Kraft- und Energiezentrum. Im Yoga gehen wir davon aus, dass in der Wirbelsäule ein Energiekanal verläuft, der Shushumna genannt wird. Wenn wir aufrecht sitzen oder stehen, kann die essenzielle Lebensenergie Prana, die wir mit dem Atmen aufnehmen, besser fließen. Probieren Sie es aus: Wenn Sie zusammengesunken sitzen und den Rücken rund machen, fühlen Sie sich bestenfalls entspannt, schlimmstenfalls schlapp und kraftlos. Richten Sie sich hingegen auf und strecken die Wirbelsäule, ohne die Schultern zu verkrampfen, können Atem und Energie fließen. Im Yoga nennt man die Beherrschung und Harmonisierung der Lebensenergie durch Atemübungen Pranayama.

Bei Liebeskummer sind Atemübungen mit Konzentration auf das dritte Auge besonders nützlich. Dieser Punkt befindet sich zwischen und zugleich oberhalb der Augen, auf Höhe der Hypophyse. Da dort das 6. Chakra liegt, der Sitz der Intuition und Weitsicht, helfen diese Übungen besonders, Gefühle wie Verletztheit, Wut und Traurigkeit loszulassen. Im Folgenden stelle ich vier Atemübungen vor. Die erste sollten Sie grundsätzlich immer vor den Körperübungen durchführen, die anderen können Sie ganz nach Lust und Laune auswählen.

Die lange tiefe Atmung

Die lange tiefe Atmung bringt uns in Einklang mit uns selbst und verbindet uns mit dem Universum. Auf körperlicher und psychischer Ebene hat er eine Vielzahl positiver Effekte, er entspannt und beruhigt, er reinigt das Blut und reguliert den ph-Wert des Körpers, wodurch wir in belastenden Situationen klarer denken können. Langer tiefer Atem vermindert Unsicherheit und Angst, wirkt antidepressiv und verleiht eine lebensbejahende Einstellung.

„In dem Moment, da du dich als Teil der Unendlichkeit fühlst und die Unendlichkeit als Teil von dir erkennst, enden deine Begrenzungen und Glück fließt", sagt Yogi Bhajan.

- Setzen Sie sich mit gerader Wirbelsäule entweder auf einen Stuhl, in die „einfache Haltung" (Schneidersitz) oder in den Fersensitz. Sie können in eine andere Sitzhaltung wechseln oder ein Kissen zu Hilfe nehmen, wenn eine Stellung unbequem wird.
- Schließen Sie die Augen, entspannen Sie den Mund und nehmen Sie das Kinn leicht zurück, so dass die Halswirbelsäule gerade ist.
- Beginnen Sie, langsam und bewusst durch die Nase ein- und auszuatmen.
- Ziehen Sie nun mit dem Einatmen die Schultern zu den Ohrläppchen hoch. Mit dem Ausatmen bringen Sie die Schulterblätter auf dem Rücken zusammen und lassen sie dann tief sinken.
- Spüren Sie, wie sich Ihre Brustmitte – das Herzzentrum – öffnet.
- Lehnen Sie sich ein wenig nach hinten und entspannen Sie die Oberschenkelmuskeln.

- Atmen Sie jetzt tief ein. Der Atem strömt ganz langsam und ruhig in den Bauch.
- Spüren Sie, wie Ihre Bauchdecke sich dabei vorwölbt. Machen Sie einen ganz runden, weichen Bauch, indem Sie die Bauchmuskeln loslassen. Ihre Rippen dehnen sich zu den Seiten aus und das Brustbein hebt sich ebenfalls ein wenig.
- Lassen Sie nun den Atem bewusst und vollständig ausströmen und ziehen Sie dabei den Bauchnabel leicht nach innen.
- Nehmen Sie die kleine Atempause wahr, die eintritt, bevor Sie erneut einatmen.
- Jeder Atemzug fließt ein wenig länger, ruhiger und tiefer als der vorangegangene. Optimal sind fünf Atemzüge pro Minute.
- Legen Sie jetzt abwechselnd die Handflächen auf den Bauch, die Rippen und das Brustbein, um die Atembewegung in den verschiedenen Regionen zu spüren.
- Schultern, Nacken, Hals und Kiefer bleiben entspannt und gelöst.
- Konzentrieren Sie sich auf das dritte Auge.
- Bringen Sie Daumen und Zeigefinger in der Handhaltung der Weisheit, dem Gyan Mudra, zusammen. Die übrigen Finger sind gestreckt.
- Lassen Sie mit jedem Ausatmen bewusst Schmerz und Kummer los und nehmen Sie mit dem Einatmen Lebensfreude und strahlende Energie auf.
- Machen Sie diese Atemübung täglich mindestens fünf bis sieben Minuten.

Tipp: Nehmen Sie einen Tag jede Stunde fünf lange und tiefe Atemzüge. Stellen Sie sich zur Erinnerung einen Alarm. Beobachten Sie, wie Sie sich fühlen.

Immer, wenn Ihre Gedanken zu Ihrer enttäuschten Liebe abschweifen, Sie sich in Anklagen, Selbstvorwürfen oder inneren Monologen wiederfinden, sagen Sie laut „Stopp!". Nehmen Sie sofort eine aufrechte Körperhaltung ein, legen Sie die Hände auf den Bauch und beginnen Sie, für drei Minuten lang und tief zu atmen.

Die Anti-Depressions-Atmung

Bei dieser Atemtechnik wird besonders viel Prana aufgenommen, um sich selbst zu heilen, Liebeskummer und Depressionen zu überwinden und die Lebenskraft zu stärken. Beim Yoga atmen wir nur durch die Nase, da die Oberfläche der Nasenschleimhaut sehr viel größer ist als die des Mundes. Bei der Anti-Depressions-Atmung liegt der Schwerpunkt auf dem Einatmen, dadurch wird mehr Prana aufgenommen als Apana (Reinigungsenergie) abgegeben wird.

- Nehmen Sie eine aufrechte Sitzhaltung ein und legen Sie die Hände auf die Knie bzw. auf die Oberschenkel und schließen die Augen.
- Bringen Sie Daumen und Zeigefinger im Gyan Mudra zusammen.
- Machen Sie einige lange tiefe Atemzüge, mit denen Sie mental immer mehr im Hier und Jetzt ankommen. Lassen Sie die Vergangenheit los und denken Sie nicht an die Zukunft. Die Gegenwart ist das einzige, was Sie kontrollieren können.

- Atmen Sie nun in drei gleichmäßigen Teilen schnüffelnd durch die Nase ein und in einem Stoß durch die Nase aus. Dabei dauern alle vier Atemteile gleich lang.

- Beim Einatmen „pumpen" Sie rhythmisch den Bauch auf, beim Ausatmen ziehen Sie den Nabel nach innen und spannen den Beckenboden leicht an.

- Richten Sie Ihre Aufmerksamkeit auf das Fließen des Atems und auf das dritte Auge.

- Diese Atemübung sollte mindestens fünf Minuten dauern. Im Anschluss bleiben Sie noch einen Moment still sitzen, lassen den Atem fließen und spüren in sich hinein.

Die Atmung durch das rechte Nasenloch

Bei jedem Menschen ist ein Nasenloch etwas größer als das andere. Ist das linke Nasenloch größer, neigen Sie von Ihrer Grundeinstellung eher zum intuitiven, gefühlsbetonten Mondtyp. Eine rechte Dominanz spricht für den rationalen, intellektbestimmten Sonnentyp.

Außerdem wechselt die „Nasenlochdominanz" rund alle zweieinhalb Stunden, d. h. mal ist das eine, mal das andere Nasenloch offener – ein Phänomen, das Sie bei Schnupfen beobachten können oder wenn Sie sich einen kalten Spiegel unter die Nase halten. Dieser Wechsel betrifft die momentane Grundstimmung.

In einer Phase Ihres Lebens, in der Sie unter einer zerbrochenen oder unerfüllten Liebe leiden, ist es besonders wichtig, Ihre Sonnenseite zu stärken. Die Sonne wärmt, gibt Klarheit und Optimismus und hilft Ihnen, die Dinge vernünftig, eben im Kraft spendenden Licht des hellen Tages zu betrachten.

- Ausgangsposition ist eine aufrechte Sitzhaltung.
- Mit einigen langen tiefen Atemzügen finden Sie zu Ihrer Mitte, kommen im Hier und Jetzt an.
- Während die rechte Hand im Gyan Mudra auf dem Knie ruht, verschließen Sie mit dem linken Daumen von unten das linke Nasenloch und atmen lang und tief durch das rechte Nasenloch in den Bauch.
- Stellen Sie sich dabei vor, mit jedem Atemzug Sonnenenergie aufzunehmen und beim Ausatmen abzugeben, was Sie nicht mehr benötigen.
- Anfangs mag es schwierig sein oder sich sonderbar anfühlen, nur durch ein Nasenloch zu atmen. Bleiben Sie dennoch konzentriert und atmen Sie mindestens drei Minuten lang auf diese Weise.
- Im Anschluss entspannen Sie beide Hände auf den Knien, atmen gleichmäßig durch die Nase ein und aus und nehmen wahr, wie es Ihnen geht.

Die Notfallatmung

Nach einem lautstarken, tränenreichen Streit oder nach einer Situation, die ein Gefühl von Hektik, Aufgelöstheit und Verwirrung hinterlässt, hilft die folgende Atemübung besonders effektiv, um sich wieder zu beruhigen. Macht man sie regelmäßig, wird man emotional ausgeglichener,

Wutanfälle und Temperamentsausbrüche werden gemildert und vermindert. Diese Notfallatmung, Sitali Pranayam genannt, wird auch bei Fieber empfohlen und gilt als reinigend und verjüngend.

- Setzen Sie sich in eine aufrechte Ausgangsposition.
- Bringen Sie die Hände ins Gyan Mudra, nehmen Sie das Kinn leicht zurück und halten Sie die Augen geschlossen mit Fokus beim dritten Auge.
- Öffnen Sie leicht den Mund, strecken Sie die Zunge etwas heraus und rollen Sie sie an den Seiten hoch.
- Atmen Sie durch die gerollte Zunge lang und tief ein und durch die Nase aus, wobei Sie die Zunge herausgestreckt lassen. Falls Sie die Zunge nicht rollen können, ist das nicht schlimm, das ist genetisch festgelegt. Führen Sie die Übung dann einfach mit gestreckter Zunge durch.
- Die Zunge wird im Verlauf der Übung kühl und trocken werden.
- Die Übung sollte mindestens drei Minuten andauern.
- Danach kann die Zunge bitter schmecken und so auf eine beginnende Entgiftung hinweisen. Daher ist es wichtig, im Anschluss viel Wasser zu trinken, um den Entgiftungsprozess zu unterstützen.

Yogaübungen – emotionale Stabilität aufbauen

Es ist eine Tatsache, dass wir ein kompliziertes Gefüge aus Körper, Geist und Seele sind, dessen Komponenten sich wechselseitig beeinflussen. Die Jahrtausende alte Yogawissenschaft geht allerdings noch weiter und unterteilt den Körper in zehn Einheiten. Auch der Geist besteht demnach aus drei Teilen: dem positiven, dem negativen und dem neutralen Geist. Kurz gesagt ist der positive Geist der begeisterungsfähige, enthusiastische, jasagende Teil von uns, der allerdings auch dazu neigt, sich allzu optimistisch in Projekte zu stürzen, ohne die Risiken abzuwägen. Der positive Geist ist der Teil von uns, der sich ohne Netz und doppelten Boden verliebt. Der negative Geist hingegen ist verantwortlich dafür, Gefahren zu sehen, er ist unser Frühwarnsystem, das zur Vorsicht rät, allerdings auch missmutige Schwarzseherei betreibt und nur die schlechten Seiten einer Situation zur Kenntnis nimmt. Wenn jemand immer nur die Schattenseiten sieht und es ihm schwer fällt, sich auf jemanden einzulassen, weil keiner gut genug ist, dann ist der negative Geist bei diesem Menschen sehr ausgeprägt.

Positiver und negativer Geist sind wie zwei Waagschalen, die durch den neutralen Geist im Gleichgewicht gehalten werden. Optimalerweise sind beide Teile gleich stark – wir können uns verlieben, bleiben jedoch auf dem Boden der Tatsachen.

Der neutrale Geist ist der Geist der Yogis, der klare und unabhängige Teil in uns, auf den wir uns immer verlassen können, der uns bei jeder Herausforderung beisteht. Er ist es auch, der uns bei Liebeskummer auffängt, die Tränen trocknet (die der positive Geist weint) und uns gleichzeitig vor der Verbitterung bewahrt (die der negative Geist schürt).

Wenn tausend Gedanken und widerstreitende Gefühle in uns toben, uns schier zerreißen in ihrer Widersprüchlichkeit, und wir hilflos auf dem Meer unserer Emotionen hin- und hergeworfen werden, ist der neutrale Geist unser Segelboot oder Surfbrett. Es geht hinunter ins Wellental der Tränen und hinauf auf den Wellenkamm der Euphorie, das ist der Lauf des Lebens. In vielen Fällen ist der neutrale Geist allerdings so schwach, dass wir ihn kaum spüren. Unser Nervensystem ist durch die vielfältigen Anforderungen und Eindrücke unserer multimedialen Welt besonders angespannt und oftmals überlastet, weil es die Menge an Informationen gar nicht mehr verarbeiten kann. Nikotin, Alkohol, Koffein und eine zuckerreiche Ernährung schwächen ebenfalls das Nervensystem. Kommt es dann durch eine Trennung, eine unglückliche Liebe oder schwere Beziehungsprobleme zum emotionalen Schock, ist es wichtig, Aufbauarbeit zu leisten – ein effektives Mittel sind Yogaübungen. Wenn Sie Ihren neutralen Geist mit Yoga stärken, werden Sie emotionale Extremsituationen zwar nicht gänzlich vermeiden können, doch Sie lernen, sie sicher und unbeschadet zu überwinden. Im Laufe der Zeit wird es Ihnen gelingen, sich nicht mehr so von Ihren Gefühlen vereinnahmen zu lassen. Sie werden nach wie vor starke Gefühle, wie z. B. leidenschaftliche Verliebtheit, genießen, sind ihnen jedoch nicht mehr so hilflos ausgeliefert, dass Sie von der „himmelhochjauchzenden rosa Wolke" in die „zu Tode betrübte Schwärze" stürzen, wenn der Traumprinz entzaubert ist.

Aus der Vielzahl der Yogaübungen, die den neutralen Geist und das Nervensystem stärken, habe ich einige Basisübungen ausgewählt. Probieren Sie sie aus und machen Sie diejenigen, die für Sie am besten geeignet sind.

Die Sufi-Kreise

Emotionale Anspannung belastet – im wahrsten Sinne des Wortes – den Rücken. Die Sufi-Kreise dehnen die Wirbelsäule und machen sie geschmeidig. Die inneren Organe werden sanft massiert. Dadurch lassen Sie die Schmerzen, die Liebeskummer verursacht und die sich in Muskelverspannungen äußern, los und kommen in Ihre Mitte. Die Bewegung ist angenehm und sinnlich – genießen Sie sie!

- Nehmen Sie die einfache Haltung ein (möglichst ohne Zuhilfenahme eines Kissens), umfassen Sie Ihre Knie mit den Händen und drehen Sie die Wirbelsäule in großen Kreisen im Uhrzeigersinn auf den Hüften.
- Der Kopf bleibt dabei in der Mitte bzw. wird in leichter Gegenbewegung mitbewegt: Wenn die Wirbelsäule nach hinten geschoben wird, bringen Sie den Kopf nach vorne, wenn Sie die Wirbelsäule nach links drehen, geht der Kopf nach rechts usw.
- Die Bewegung verbindet sich mit der Atmung: Atmen Sie bitte ein, während Sie über die linke Seite nach vorne kreisen, und aus, wenn Sie über die rechte Seite nach hinten kreisen. Wichtig ist, dass die Bewegung sich dem Atemrhythmus angleicht, nicht umgekehrt.
- Mund, Kiefer und Nacken bleiben entspannt und die Schultern locker.
- Konzentrieren Sie sich auf das dritte Auge und stellen Sie sich vor, dass Sie in die Wirbelsäule atmen. Spüren Sie, wie Ihr Atem förmlich in die Wirbelzwischenräume fließt.
- Mit jeder Drehung werden Sie etwas gelöster.

- Lassen Sie die Kreise nach zwei Minuten ausklingen und atmen Sie in der Grundposition tief ein und aus.
- Wechseln Sie dann die Position der Füße und drehen Sie die Wirbelsäule nun gegen den Uhrzeigersinn auf den Hüften.
- Zum Schluss kommen Sie wieder in der Grundposition zur Ruhe. Atmen Sie entspannt ein und aus und nehmen Sie wahr, wie es Ihnen geht.

Der Kamelritt

Der Kamelritt belebt die Chakras, die Energiezentren des Menschen, lockert den Schultergürtel und dehnt die Wirbelsäule. Wir neigen dazu, die Schultern zu verkrampfen, wenn es uns aufgrund von Liebeskummer nicht gut geht. Auf den Schultern, so sagt man, lasten die Bürden, die wir uns zumeist selbst auferlegt haben. Wir ziehen den Kopf ein und die Schultern hoch, um uns unbewusst zu schützen – wie eine Schildkröte, die sich in ihrem Panzer versteckt. Wird diese Verspannung chronisch, was durch eine sitzende Tätigkeit, Bildschirmarbeit, und Kälte noch verstärkt wird, kann es zu Nacken- und Kopfschmerzen kommen.

- Setzen Sie sich in der einfachen Haltung oder im Fersensitz auf den Boden und legen Sie die Hände locker auf die Knie.
- Mit dem Einatmen wölben Sie die Brust, ziehen die Schultern zurück und strecken das Kinn vor.
- Beim Ausatmen machen Sie einen runden Rücken, ziehen den Bauch ein und rollen die Schultern nach vorn, das Kinn nehmen Sie leicht zurück.

- Beginnen Sie langsam und bewusst zu üben, immer in Verbindung mit der Atmung.
- Stellen Sie sich vor, Sie würden in jeden einzelnen Ihrer Wirbel und in die Bandscheiben atmen.
- Nach zwei Minuten bewegen Sie sich allmählich etwas schneller, wobei Sie den Atem anpassen.
- Denken Sie an Bilder, die die Beweglichkeit Ihres Rückens unterstreichen: Stellen Sie sich z. B. vor, Ihre Wirbelsäule wäre so flexibel wie ein Gummiband.
- Zum Beenden der Übung strecken Sie sich noch einmal. Fühlen Sie, wie Sie sich in die Länge ziehen, die Schultern bleiben unten. Atmen Sie tief ein und aus.
- Nach etwa drei Minuten drehen Sie die Handflächen nach oben und spüren der Bewegung für einige Atemzüge nach.

Der Herzöffner

Der Herzöffner stärkt das Nervensystem und die Aura, er macht Sie gelassener, geduldiger und stressresistenter. Wie der Name schon sagt, öffnet die Übung das Herz – die Brustmitte – und kräftigt und heilt das durch Liebeskummer geschwächte Herzzentrum. Zu Beginn Ihres Yogatrainings kann es sein, dass Ihnen bei dieser Übung die Arme bleischwer werden, doch es lohnt sich, durchzuhalten, denn mit längerem Üben werden nicht nur Ihre Arme, sondern auch Ihre Nerven an Stärke gewinnen.

- Nehmen Sie die einfache Haltung oder den Fersensitz ein. Der Rücken ist aufrecht und das Kinn leicht zurückgenommen.

- Strecken Sie die Arme nach oben aus und halten Sie sie in einem 60-Grad-Winkel geöffnet, wobei die Daumen ausgestreckt sind und die übrigen Finger eingerollt werden. Die Handflächen zeigen nach vorn.

- Lassen Sie die Schultern sinken und entspannen Sie Kiefer und Gesicht.

- Die Konzentration liegt auf dem dritten Auge.

- Ziehen Sie die Arme noch etwas mehr nach hinten, indem Sie die Schulterblätter zusammenbringen. Dadurch öffnet sich die Brustmitte - das Herzzentrum.

- Der Atem fließt tief und langsam in den Bauch.

- Stellen Sie sich vor, Sie sind ein Trichter und öffnen sich für das Universum. Alles, was Sie benötigen, fließt auf diese Weise in Sie hinein.

- Begegnen Sie negativen Gedanken und Empfindungen gelassen. Nehmen Sie sie wahr, ohne sich damit zu identifizieren.

- Sollten Ihre Arme schmerzen oder zittern, dann gehen Sie mit Hilfe des Atems durch die Übung. Der Atem ist wie ein Seil, an dem Sie sich durch die Übung hangeln. Falls die Anstrengung zu groß wird, legen Sie die Hände kurz auf dem Kopf ab und fahren dann mit der Übung fort.

- Nach drei Minuten atmen Sie tief ein. Halten Sie die Arme weiterhin gestreckt über den Kopf. Atmen Sie nun vollständig aus und halten Sie inne, während Sie den Bauchnabel einziehen und den Beckenboden nach oben drücken (ein Gefühl, als müssten Sie den

Harndrang unterdrücken). Diese muskuläre Körperschleuse, die Mulbandh genannt wird, bringt die Energie nach oben.

- Atmen Sie ein und mit dem Ausatmen legen Sie die Hände auf die Knie und entspannen die Arme.
- Spüren Sie der Übung mit geschlossenen Augen nach.

Die Lebensnervstreckung

Manchmal kann Liebeskummer oder das Trauern um eine Beziehung, aus der Sie sich noch nicht ganz gelöst haben, dazu führen, dass Sie sich zurückziehen, den Antrieb verlieren und nur noch notdürftig funktionieren. Dann kann eine Lebensnervstreckung helfen.

Der Lebensnerv verläuft entlang der Beinrückseite und entspricht auf physischer Ebene dem Ischiasnerv. Eine Streckung regt den Lebensnerv an und führt zu mehr Flexibilität und Lebensfreude.

- Setzen Sie sich mit ausgestreckten Beinen auf den Boden.
- Richten Sie sich auf als wären Sie mit einem Faden, der an Ihren Scheitelpunkt geknüpft ist, an der Decke befestigt.
- Spüren Sie Ihre Sitzbeinhöcker und stellen Sie sich vor, wie Sie diese im Boden verankern.
- Drücken Sie die Kniekehlen nach unten.
- Atmen Sie tief ein und beugen Sie sich mit dem Ausatmen nach vorn.
- Ergreifen Sie, je nachdem, wie gelenkig Sie sind, Füße, Zehen, Fußknöchel oder Waden.
- Halten Sie die Position und lassen Sie sich mit jedem Ausatmen weiter nach unten sinken.

- Nach ein bis drei Minuten atmen Sie noch einmal ein und lösen sich dann mit dem Ausatmen aus der Position.

Dynamische Variante

- Halten Sie Ihre Zehen oder den Teil Ihrer Beine fest, den Sie mit gestreckten Beinen erreichen können.
- Atmen Sie ein, strecken Sie dabei den Rücken und ziehen Sie das Kinn ein.
- Atmen Sie aus und lassen Sie sich nach unten sinken.
- Der Atem kontrolliert die Bewegung: Kein Wippen oder Federn, mit dem Ausatmen lassen Sie los.
- Üben Sie ein bis drei Minuten lang.

Variante nach einer Seite

- Legen Sie den einen Fuß an die Innenseite des anderen Oberschenkels und beugen Sie sich zum gestreckten Bein hinunter.
- Spüren Sie die Dehnung im Bein und lassen Sie mit jedem Ausatmen mehr und mehr los.
- Nach zwei Minuten noch einmal Einatmen und mit dem Ausatmen Wirbel für Wirbel hochrollen und die Seite wechseln.

Das Große Dreieck

Auch diese Übung stärkt das Nervensystem und trainiert alle wichtigen Muskelgruppen. Das große Dreieck ist eine Umkehrposition, die Kopf, Nacken und oberen Rumpf besser durchblutet und verjüngend wirkt. Außerdem baut es die Aura, die durch Liebeskummer geschwächt wird, wieder auf. Aus dem Dreieck gehen Sie in die Haltung Gurpranam, die eine zusätzliche Versorgung des Gehirns mit pranareichem Blut bewirkt, und anschließend in die Babypositon, die angegriffene Nerven entspannt. Beide Haltungen stärken das Herz und vermitteln ein Gefühl des Beschütztseins, das man gerade in Zeiten des Liebeskummers besonders braucht.

- Gehen Sie in den Vierfüßlerstand, auf Hände und Knie. Achten Sie darauf, dass sich die Hände in gerader Linie unter den Schulten befinden und die Knie in gerader Linie unter den Hüftgelenken.
- Der Rücken ist gerade, der Hals gestreckt.
- Atmen Sie ein paar Mal in diese Position hinein, sammeln Sie sich und richten Sie Ihre Konzentration auf das dritte Auge.
- Setzen Sie nun die Zehen auf und atmen Sie ein.
- Drücken Sie sich mit dem Ausatmen auf Hände und Füße, strecken Sie Arme und Beine durch und schieben Sie das Gesäß nach hinten, so dass Sie ein möglichst perfektes Dreieck bilden.
- Versuchen Sie, die Fersen zum Boden zu bringen, indem Sie die Füße leicht ausdrehen.
- Das Gewicht ist gleichmäßig auf Hände und Füße verteilt. Der Atem fließt lang und tief in den Bauch.

- Zur Steigerung der Konzentration und um den Geist zur Ruhe zu bringen, können Sie die Übung auch mit einem Mantra erweitern: Denken Sie „sat" (Wahrheit) beim Einatmen und „nam" (Name, Identität) beim Ausatmen.

- Nehmen Sie den Atem zu Hilfe, um durch die Übung zu gehen.

- Wenn die Beine zu zittern beginnen, zeigt das eine Schwäche des Nervensystems an. Aber keine Angst – je öfter Sie Yoga üben, umso stärker wird Ihr Nervensystem.

- Nach drei Minuten atmen Sie tief ein, strecken noch einmal Arme und Beine und gehen mit dem Ausatmen zurück auf die Knie.

- Gehen Sie nun in die Haltung Gurpranam: Atmen Sie dazu tief ein und mit dem Ausatmen schieben Sie das Gesäß auf die Fersen, strecken die Arme nach vorn und legen die Handflächen aneinander.

- Falls diese Position aufgrund verkürzter Muskeln unbequem sein sollte, können Sie Brust und Stirn mit Kissen abpolstern oder den Po leicht angehoben halten.

- Nach zwei Minuten legen Sie die Arme neben den Körper und stellen sich für weitere zwei Minuten vor, wie Sie heilenden Atem in Ihren Rücken schicken. Dies ist die Babyposition.

- Spüren Sie, wie die Übung Ihr Wohlbefinden steigert und Ihnen Geborgenheit schenkt.

Der Bogenschütze

Der Bogenschütze ist eine kraftvolle Standübung, die die Sexualenergie reguliert, das Herz öffnet und stärkt und das Nervensystem trainiert. Außerdem hilft diese Position dabei, sich zu konzentrieren und die Energie zu bündeln, um sich von emotionalem Schmerz zu befreien und Unabhängigkeit zu erlangen.

- Stellen Sie sich aufrecht hin und drehen Sie den linken Fuß um 90 Grad, so dass er parallel zur Kante Ihrer Matte oder Decke steht. Machen Sie mit dem rechten Fuß einen großen Schritt nach vorn. Ihre beiden Füße stehen im rechten Winkel zueinander. Das Körpergewicht ruht größtenteils auf dem gebeugten Bein, dessen Zehen nach vorn zeigen.
- Strecken Sie den rechten Arm in Schulterhöhe nach vorn aus und halten Sie einen imaginären Bogen fest. Dabei zeigt der Daumen nach oben, die restlichen Finger sind zur Faust geballt.
- Die linke Hand greift nun nach vorn zur linken und zieht kraftvoll „die Bogensehne" am Arm entlang und über die Brust nach hinten, bis der Ellbogen ganz angewinkelt ist und die Faust vor der Achselhöhle liegt. Beide Arme werden parallel zum Boden gehalten. Während Sie „die Sehne" spannen, sollte ein Zug in der Brustmitte entstehen. Spüren Sie, wie sich das Herzzentrum öffnet.
- Ihr Blick fixiert sowohl den Nagel des linken Daumens als auch den Raum dahinter. Visieren Sie Ihr Ziel an: Ein unabhängiges, erfülltes Leben.

- Machen Sie lange, tiefe Atemzüge und halten Sie den Körper für mindestens drei Minuten völlig unbeweglich.

- Atmen Sie dann noch einmal tief ein, bündeln Sie die Energie und schießen Sie den imaginären Pfeil auf ihr anvisiertes Ziel ab.

- Mit dem Ausatmen lassen Sie die Arme sinken und gehen aus der Position heraus.

- Schütteln Sie Arme und Beine aus und wechseln die Seite.

Die Titanic-Übung

Vielleicht kennen Sie die berühmte Szene aus dem Film „Titanic", in der Kate Winslet mit ausgebreiteten Armen am Bug des Ozeanriesen steht, Wind in den Haaren und alle Zuversicht der Welt in ihrem Lächeln. In diesem Moment steht ihr Geliebter hinter ihr – noch, denn als das Schiff sinkt, ertrinkt er mit fast allen anderen Passagieren. Sie überlebt in eisigem Wasser und muss ihr Leben von da an allein weiterführen.
Jeder Liebeskummer, jede Trennung kommt einem Schiffbruch gleich. Es liegt an Ihnen, nicht unterzugehen. Wenn die Kälte des Alleinseins Sie lähmt und Wassermassen der Traurigkeit Sie in die Tiefe zu ziehen drohen, sollten Sie mit dieser Übung Ihren neutralen Geist, Ihren Rettungsring stärken. Die Titanic-Übung stärkt das Nervensystem und die Aura und balanciert die Gehirnhälften aus.

- Nehmen Sie den Fersensitz ein und richten Sie sich auf.

- Stellen Sie sich vor, dass an Ihrem Scheitelpunkt ein goldener Faden befestigt ist, der Sie gerade hält.

- Ziehen Sie das Kinn zum Körper und machen Sie den Nacken lang.
- Strecken Sie die Arme zu den Seiten aus und halten Sie sie parallel zum Boden. Die Handflächen zeigen nach oben oder nach unten, die Ellbogen sind durchgedrückt.
- Schultern, Kiefer und Gesicht sind entspannt.
- Atmen Sie durch die Nase ein und so sachte und langsam durch den Mund wieder aus, als wollten Sie einen Wattebausch in Bewegung setzen.
- Konzentrieren Sie sich auf das dritte Auge.
- Denken Sie mit dem Einatmen „los-" und mit dem Ausatmen „-lassen". Betonen Sie das Ausatmen mehr als das Einatmen.
- Gehen Sie durch die Übung in dem Wissen, dass Sie viel mehr Kraft haben, als Sie denken.
- Am Ende strecken Sie die Arme mit dem Einatmen noch einmal vollständig durch und lassen sie mit dem Ausatmen sinken.
- Spüren Sie die Energie in Armen und Schultern und lassen Sie sie zirkulieren.
- Beginnen Sie mit zwei Minuten und steigern Sie die Dauer der Übung allmählich auf zehn Minuten.

Mantras – die Vergangenheit loslassen

Der Begriff Mantra setzt sich aus zwei Wörtern zusammen: „man"
bedeutet „Geist", „tra" bedeutet „Projektion". Mantras sind
Meditationswörter, die die Aufmerksamkeit bündeln, das
Gedankenkarussell in unserem Kopf stoppen und eine tiefe geistige
Entspannung bewirken.

Sie sind wie Zaubersilben und wirken sowohl durch ihre Bedeutung als
auch durch ihren Klang. Man kann ein Mantra sprechen oder singen, doch
auch wenn wir das Mantra nur denken, schwingt es in unserem Geist.
Mantras tragen dazu bei, den emotionalen und geistigen Zustand zu
verändern. Wenn Sie die Übungen durch Mantras ergänzen, unterstützt
dies die Wirkung und hilft dabei, sich aus Traurigkeit, Schmerz und
Gefühlschaos zu befreien und emotionale Verletztheit zu überwinden. Oft
drehen sich die Gedanken bei Liebeskummer im Kreis, dann hilft das
Wiederholen eines Mantras dabei, die Vergangenheit loszulassen und ganz
im Hier und Jetzt zu sein.

Mantras werden oft auch mit speziellen Finger- und Handhaltungen, den
so genannten Mudras, verbunden. Es ist heilsam, die Stimme einzusetzen.
Laut zu sprechen und zu singen hat auch etwas damit zu tun, sich Raum zu
nehmen und sich Gehör zu verschaffen, den Gefühlen Ausdruck zu
verleihen.

Das Mantra sat nam

Sie haben im letzten Kapitel bereits das Mantra sat nam kennen gelernt, das man benutzt, um wieder zu sich selbst zurückzufinden. „Sat nam" bedeutet „ich bin wahrhaftig, mein Name ist Wahrheit". Unter den Schichten Ihres Alltags-Ichs liegt Ihr wahrer Wesenskern verborgen, das, was Sie wirklich sind. Nichts und niemand kann dieser wahren Identität etwas anhaben. Halten Sie sich vor Augen, dass alles Äußerliche nur Schein, Illusion (Maya) ist – spüren Sie Ihre unsterbliche Seele im sat nam, lassen Sie es mit jedem Atemzug in sich schwingen.

Dieses Mantra können Sie bei allen bisher vorgestellten Körperübungen verwenden. Es bringt Ihren Geist zur Ruhe und schenkt Ihrem Herzen Frieden.

- Mit dem Einatmen denken Sie sat, und mit dem Ausatmen nam (gesprochen „saaat naaam"), so dass der vielstimmige Lärm aller anderen Gedanken nach und nach verstummt.
- Der Geist kommt immer mehr zur Ruhe, indem Sie sich nur auf diesen einen Gedanken konzentrieren.
- Kummer, Leid und emotionale Verwirrung nehmen mit jedem Atemzug, mit jeder Wiederholung des Mantras immer mehr ab.

Tipp: Wenn Sie aufgeregt, wütend oder traurig sind, halten Sie inne, egal, was Sie gerade tun. Atmen Sie lang und tief, denken Sie das Mantra und lassen Sie negative Gefühle und destruktive Gedanken an die beendete, zerbrechende oder nicht vorhandene Beziehung los.

Ich stelle Ihnen nun drei weitere Mantras gegen Liebeskummer vor, die auch für individuelles Üben geeignet sind. Je nach Stimmung wählen Sie das Mantra, das Sie in dem Moment am meisten anspricht. Dieses können Sie dann mehrere Minuten lang chanten, indem Sie einen beliebigen Ton wählen, tief in den Bauch atmen und das Mantra mit dem Ausatmen monoton singen.

Hilfreich bei Liebeskummer ist es auch, das stille, gedachte Mantra mit den vier anderen Yogaaspekten Haltung, Atmung, Bewegung und Konzentration zu verbinden, wie ich es im Folgenden beschreiben werde:

Das Mantra wahe guru

Das Mantra wahe guru leitet Sie, um den Schritt von der Verzweiflung, die Sie bei Liebeskummer empfinden, zurück zur Lebensfreude zu schaffen. Wahe ist ein Laut der Freude, der Ekstase. Guru setzt sich zusammen aus „gu" Dunkelheit und „ru" Licht. „Guru" ist also der Weg vom Dunkel ins Licht. „Wahe guru" steht für die Freude angesichts dieses Weges, der Sie aus dem Zustand des Liebeskummers hinausführt.

- Nehmen Sie die einfache Haltung oder den Fersensitz ein und bringen Sie Daumen und Zeigefinger im Gyan Mudra (siehe S.X) zusammen.
- Atmen Sie lang und tief in den Bauch.
- Konzentrieren Sie sich auf Ihre Nasenspitze.
- Drehen Sie mit dem Einatmen den Kopf nach links und mit dem Ausatmen nach rechts, wobei Sie den Kopf so aufrecht halten, als würden Sie mit dem Kinn eine Platte abwischen.
- Mit dem Einatmen denken Sie wahe, mit dem Ausatmen guru.

- Seien Sie sich aller fünf Yogaaspekte bewusst.
- Üben Sie drei Minuten lang. Das ist eine anspruchsvolle Aufgabe, die Sie jedoch, je häufiger Sie üben, immer weiter aus dem Dunkel ins Licht führen wird.

Das Mantra ong

Ong ist der universale Urklang, der sich von der kosmischen Silbe om ableitet, die die absolute Form der Energie bezeichnet. Wenn wir das Mantra ong beim Ausatmen so lange wie möglich singen, knüpfen wir an diese Urenergie und das universelle Bewusstsein an und entwickeln eine Kraft, die es uns ermöglicht, den Schmerz, den wir durch den Liebeskummer erlitten haben, zu heilen.

- Setzen Sie sich in eine aufrechte Position und legen Sie die Hände vor der Brust so aneinander, dass die Fingerspitzen sich berühren und die Finger gespreizt sind.
- Die Schultern sind entspannt, die Ellbogen angewinkelt.
- Pressen Sie nun die Finger mit Druck aneinander.
- Nach einigen langen Atemzügen atmen Sie tief ein und singen mit dem Ausatmen in tiefer Tonlage „ooooonnnnnnnnnnnnnnnnnnnng" – so kräftig und lang, wie Sie können. Die Zunge wird mit dem Schlusslaut an den Gaumen gepresst.
- Ist der Ton verklungen, lauschen Sie der Stille, während Sie erneut Einatmen, um das Mantra zu singen.
- Drei Minuten sind für diese Übung ausreichend.

Das Mantra sa ta na ma

Das Mantra sa ta na ma, von dem sich auch das Mantra sat nam ableitet, besteht aus fünf Tönen. „sa" heißt Geburt oder Unendlichkeit, „ta" Leben, „na" bedeutet Tod und „ma" Wiedergeburt; der fünfte Ton ist das gemeinsame „a" und heißt kommen. Dieses Mantra stellt den Kreislauf der Schöpfung, die ewige Abfolge von Werden, Bestehen, Vergehen und Neuentstehen dar. Auch Liebesbeziehungen unterliegen diesem kosmischen Gesetz des Werdens und Vergehens. Wenn Sie Liebeskummer haben, befinden Sie sich in der schmerzhaften Phase des Vergehens, dem das Neuentstehen folgt – entweder einer neuen Liebe oder der neu entdeckten Gefühle in einer bestehenden Beziehung.

Das Mantra ist eingebettet in eine Meditation und wird in Verbindung mit Fingerbewegungen, so genannten Mudras, und der dargestellten Melodie gesungen. Diese dynamische Meditation, Kirtan Kriya genannt, stärkt das Nervensystem und den neutralen Geist. Sie wirkt psychisch stabilisierend und ausgleichend auf das elektromagnetische Feld der Aura. Außerdem steigert sie die Sensibilität und das Verständnis, das man anderen und auch sich selbst entgegenbringt.

Sie können diese Meditation entweder an Ihr regelmäßiges Übungsprogramm anschließen oder kurz vor dem Schlafengehen machen. Da die Meditation aus mehreren Phasen besteht, sollten Sie eine Uhr im Blick haben oder eine Stoppuhr aktivieren.

- Setzen Sie sich in die einfache Haltung, lassen Sie die Oberschenkel zu Boden sinken und richten Sie die Wirbelsäule auf.

- Nehmen einige lange tiefe Atemzüge und konzentrieren Sie sich auf das dritte Auge.

- Singen Sie nun für zwei Minuten mit halblauter, monotoner Stimme das Mantra. Bei sa bringen Sie Daumen und Zeigefinger zusammen, bei ta Daumen und Mittelfinger, bei na verbinden Sie Daumen und Ringfinger und bei ma Daumen und kleinen Finger. Wiederholen Sie diese Fingerhaltungen auch während der folgenden Phasen der Meditation.

- In den nächsten zwei Minuten flüstern Sie das Mantra in der Tonlage der Verliebten.

- Dann denken Sie das Mantra für weitere vier Minuten nur im Geiste.

- Flüstern Sie nun nochmals für zwei Minuten.

- In den letzten zwei Minuten kehren Sie zur halblauten, monotonen Stimmlage zurück.

- Nehmen Sie einige tiefe Atemzüge und strecken Sie die Arme nach oben und zur Seite, bevor Sie sich entspannen.

- Natürlich können Sie die verschiedenen Phasen auch verlängern oder verkürzen. Achten Sie jedoch darauf, dass der Mittelteil immer doppelt so lang ist wie die anderen Teile.

Mudras – das Wohlbefinden steigern

Die Hände sind neben unserem Gehirn und den anderen Sinnesorganen unser wichtigstes Instrument, um die Welt zu begreifen. Wir berühren, erkunden und erschaffen die Welt mit unseren Händen und Fingern. Kein Fingerabdruck ist mit einem anderen identisch. Alternative Medizinsysteme können sogar unseren Bewusstseins- und Gesundheitszustand von Handflächen und Nägeln ablesen.

Durch das Kreuzen und Berühren der Finger können Körper, Geist und Seele angesprochen werden. Mudras sind Botschaften an das Geist-Körper-Energiesystem, durch die Sie Ihr Wohlbefinden, das durch den Liebeskummer gestört ist, wieder aufbauen können.

Es gibt vier grundlegende Mudras, bei denen jeweils der Daumen mit einem der vier anderen Finger zusammengebracht wird. Diese Mudras werden in der Kirtan Kriya im Bewegungsfluss gebraucht, ansonsten können Sie ganz nach Belieben eines auswählen, um Ihre Atemübungen zu unterstützen.

Gyan Mudra

Dieses Mudra wird am häufigsten angewendet. Daumen (Ego) und Zeigefinger (Weisheit) werden dabei aneinandergelegt. Der Zeigefinger steht für den Planeten Jupiter. Gyan Mudra vermittelt Gemütsruhe und Aufnahmebereitschaft für die Wirkung der Atemübungen. Es ist das Mudra des Wissens. Wählen Sie dieses Mudra, wenn Sie Ihr „Ich" mit der universellen Weisheit des Kosmos verbinden wollen.

Shuni Mudra

Das Shuni Mudra, bei dem Daumen und Mittelfinger zusammengebracht werden, stärkt Geduld und Urteilskraft. Der Mittelfinger symbolisiert Saturn, der für Verantwortung und Intelligenz steht. Das Mudra hilft Ihnen, wenn Sie ungeduldig sind und über Schuld und Scheitern nachgrübeln.

Surya Mudra

Dieses Mudra eignet sich besonders bei Liebeskummer, da der Ringfinger die Sonnenenergie verkörpert, die Gesundheit, Wandlungsfähigkeit und Nervenkraft verleiht. Wenn Sie Daumen und Ringfinger zusammenbringen, aktivieren Sie diese vitalisierende Energie.

Buddhi Mudra

Bei diesem Mudra wird der kleine Finger an den Daumen gelegt. Der kleine Finger steht in Verbindung mit Merkur, der für die Kommunikation zuständig ist. Das Mudra öffnet Ihren Geist für eine klare und intuitive Kommunikation und begünstigt die psychische Entwicklung. Machen Sie das Buddhi Mudra, wenn Sie über Ihren Liebeskummer sprechen wollen oder wenn Sie nicht so kommunizieren, wie Sie eigentlich fühlen.

Meditation – den Heilungsprozess unterstützen

Im Kundalini Yoga gibt es sehr viele verschiedene Meditationen: stille und gesungene, statische und dynamische, Meditationen mit und ohne Mantra. Meditationen tragen dazu bei, Liebeskummer zu überwinden, da sie die pranische Verbindung zum Liebespartner trennen, die Gedanken beruhigen und für emotionale Ausgeglichenheit sorgen.

Wichtig ist, dass Sie sich auf eine Meditation vollkommen einlassen und über einen längeren Zeitraum kontinuierlich üben. Viele Menschen erwarten schon nach einigen Yogastunden Ergebnisse, doch ohne Zeiteinsatz und Hingabe wird daraus nichts. Es würde ja auch niemand auf die Idee kommen, schon nach einigen Laufrunden fit für einen Marathon zu sein. Seltsamerweise scheinen einige zu denken, dass schließlich jeder atmen und stillsitzen könne. Dabei ist es viel einfacher, den Körper zu trainieren als den Geist. Unser Geist ist vom Aufwachen bis zum Einschlafen permanent mit Millionen von Gedanken beschäftigt. Wenn Sie konzentriert an einer Aufgabe arbeiten, haben Sie Ihren Geist vielleicht für eine gewisse Zeit einigermaßen unter Kontrolle. Im Alltag schweifen Ihre Gedanken jedoch unentwegt ab und mischen sich mit Gefühlen, Einschätzungen und Werturteilen. Und wenn Sie zur Ruhe kommen, wirbeln Ihre Gedanken oftmals ohne Unterlass durcheinander und ziehen Sie in einen deprimierenden Strudel – dies geschieht besonders häufig, wenn Sie sich nichts sehnlicher wünschen als Entspannung. Manchmal hilft es dann, laut „STOPP!" zu sagen und an etwas anderes, Positives zu denken. Doch gerade bei Liebeskummer brechen die Gefühle immer wieder hervor und ziehen negative Gedankenmuster nach sich. Sollten Sie unter einer Trennung leiden, können Sie bei der Auswahl einer

Meditation nach dem Stufenmodell des Heilungsprozesses vorgehen. Ansonsten empfehle ich die folgende Meditation.

Meditation, um die Gedanken zur Ruhe zu bringen

Diese Meditation kann Ihren Gedankenfluss binnen drei Minuten beruhigen, wenn Sie gegen die Traurigkeit und die Verzweiflung nicht ankommen.

- Setzen Sie sich mit gerader Wirbelsäule in die einfache Haltung. Beugen Sie die Ellbogen und legen Sie die Hände vor der Brust aneinander.
- Biegen Sie die Zeigefinger nach innen und drücken Sie sie am zweiten Glied zusammen.
- Strecken Sie die Mittelfinger aus und legen Sie die Spitzen aneinander, Ringfinger und kleiner Finger sind nach innen gerollt, die Daumen berühren sich an den Spitzen.
- Halten Sie die Hände zehn Zentimeter vor dem Körper, so dass die Unterarme parallel zum Boden sind und die Finger vom Körper weg zeigen.
- Konzentrieren Sie sich auf Ihre Nasenspitze, atmen Sie tief ein, halten Sie den Atem an und wiederholen Sie elfmal sat nam im Geiste.
- Atmen Sie aus und wiederholen Sie das Mantra weitere elfmal mit angehaltenem Atem.
- Üben Sie mindestens drei Minuten lang.

Meditationen und Visualisierungen während des Heilungsprozess

Nach einer Trennung durchlaufen wir verschiedene Stadien auf dem Weg zur Heilung, die sich manchmal auch wiederholen und Schleifen bilden können. In Anlehnung an die vier Phasen des Lösungsprozesses stelle ich Ihnen Meditationen und/oder Visualisierungsübungen vor, die Ihnen in der spezifischen Situation helfen werden. Sie können diese Meditationen und Visualisierungen zusätzlich zu Ihrem Atem- und Körperübungsprogramm machen. Bei den Meditationen ist es sinnvoll, sich intuitiv leiten zu lassen und auszuprobieren, welche Meditation gerade tut. Sobald Sie einen besonderen Zugang zu einer Variante gefunden haben, sollten Sie dabei bleiben, die tägliche Übungszeit ausdehnen und beobachten, was die Meditation bewirkt. Yogis raten dazu, eine Meditation an mindestens dreißig Tagen in Folge zu praktizieren.

Stufe 1: Die Verletzung

Schauen Sie sich Ihre Verletzung an: Möglicherweise haben Sie schon länger in einer Beziehung gelebt, die Ihnen emotionale Wunden zugefügt hat, vielleicht konnte Nähe dadurch überhaupt erst aufgebaut werden. Oder aber Sie leiden, weil Sie betrogen oder verlassen wurden. Selbst wenn die Trennung ursprünglich von Ihnen ausging, zerbrach vielleicht ein Lebenstraum: die Familie ist getrennt, Sie leiden um der Kinder oder um der verpassten Chancen willen. In dieser Phase ist es wichtig, den Schmerz anzuerkennen und zuzulassen.

Visualisieren Sie die Trennung

In einer Beziehung verbinden sich mit der Zeit die Energiefelder. Vielleicht erinnern Sie sich daran, dass Sie sich während Ihrer Beziehung manchmal niedergeschlagen oder aufgeregt gefühlt haben, nur weil Ihr Partner so empfand - obwohl er in dem Moment physisch vielleicht gar nicht anwesend war. Aura und Energiefelder trennen sich zwar von selbst, wenn Sie nicht mehr zusammenleben, doch dieser Prozess kann viel Zeit in Anspruch nehmen. Versuchen Sie, diesen Prozess zu beschleunigen, sonst könnten Sie sogar eine Phase der Niedergeschlagenheit erleben, die gar nicht Ihre eigene ist!

- Schließen Sie die Augen und stellen Sie sich vor, von einem strahlenden weißen Licht umgeben zu sein, das Ihnen Stärke und Selbstsicherheit verleiht.
- Stellen Sie sich vor, dass Ihr ehemaliger Partner weit weg in einem getrennten Energiefeld steht. Seine Probleme sind nicht länger auch Ihre.
- Wenn Sie Ihren Expartner oder einen speziellen Aspekt der Beziehung stark vermissen, sollten Sie diese Visualisierung so ausdehnen, dass sie die ganze Beziehung mit all ihren schmerzvollen, destruktiven Anteilen umfasst. Manchmal neigen wir dazu, eine Beziehung im Rückblick zu beschönigen, besonders, wenn Sie der/die Verlassene sind. Erinnern Sie sich bewusst auch an die negativen Seiten – an Situationen, in denen Sie sich vollkommen allein gefühlt haben, obwohl Sie Teil einer Partnerschaft waren.

- Akzeptieren Sie, dass eine Trennung an sich schmerzhaft ist, unabhängig von der Person.

- Schließen Sie die Augen, stellen Sie sich vor, Ihr Expartner würde vor Ihnen sitzen, und probieren Sie aus, was Sie ihm sagen möchten, um innerlich einen Schlussstrich unter die Beziehung ziehen zu können. Sie könnten z. B. sagen: „Ich bin nicht mehr für dich verantwortlich. Ich kann dir jetzt nicht mehr helfen. Ich lasse dich los, damit du für dein Leben die Verantwortung übernehmen kannst." Oder: „Ich lasse dich los, damit ich frei sein kann, um meinetwillen. Du kannst mich nicht länger kontrollieren. Ich bin nun mein eigener Herr." Oder: „Ich beschütze mich selbst und übernehme die Verantwortung für mein Wohlbefinden. Tu du das gleich für dich." Es gibt viele Möglichkeiten, finden Sie heraus, was in Ihrer Situation passend ist.

Meditation zur Stärkung der Unabhängigkeit

Diese Meditation dient der Festigung und Bestätigung Ihrer eigenen, vom ehemaligen Partner unabhängigen, Identität:

- Setzen Sie sich in einer bequemen Position mit aufrechter Wirbelsäule hin, entweder in der einfachen Haltung oder auf einem Stuhl.

- Legen Sie die rechte Hand aufs Knie, Daumen und Zeigefinger berühren einander im Gyan Mudra.

- Halten Sie die linke Hand in etwa zwanzig Zentimeter Abstand vor der Brustmitte.

- Atmen Sie tief ein und bringen Sie die linke Hand um etwa zehn Zentimeter näher zur Brust, während Sie laut „Ich bin" sagen oder singen.
- Vergrößern Sie den Abstand nun auf etwa vierzig Zentimeter und sagen oder singen Sie noch einmal „Ich bin".
- Atmen Sie tief ein, bringen Sie die Hand in die Ausgangsposition und wiederholen Sie den Ablauf elf Minuten lang.

Stufe 2: Die Blutung stillen und die Wunde reinigen

Stellen Sie fest, was geschehen ist und in welchen Bereichen Sie beeinträchtigt sind, schauen Sie sich an, wo die Ursachen liegen. Vielleicht hilft Ihnen eine zeitlich limitierte psychologische Trennungsberatung, mehr Klarheit zu gewinnen. Trotz emotionaler Pein müssen Sie funktionieren, besonders, wenn Sie Kinder haben, die Sie jetzt brauchen. Sie müssen rechtliche und finanzielle Probleme lösen und Ihren Alltag neu organisieren.

Meditation, um Herausforderungen zu begegnen

Diese Meditation gibt Ihnen die Ruhe und die Kraft, die Sie brauchen, um Ihre Aufgaben zu erfüllen und allen Herausforderungen gewachsen zu sein:

- Nehmen Sie an einem ruhigen und geschützten Ort die einfache Haltung ein.

- Visualisieren Sie sich in einem leeren Raum, der von einer schützenden Hülle umgeben ist. Alle Herausforderungen, Schwierigkeiten, Anforderungen liegen außerhalb dieses Kokons. Sie befinden sich in Sicherheit und wiederholen im Geiste folgende Worte: „Ich habe nichts zu gewinnen und nichts zu verlieren. Alle Geschehnisse, ob vergangen, gegenwärtig oder zukünftig, existieren gleichzeitig im Sinne des Universums."
- Sitzen Sie nun ganz still, entspannen Sie sich und geben Sie sich einfach dem Moment hin.
- Atmen Sie lang und tief, geben Sie sich Zeit, zur Ruhe zu kommen und neue Kräfte zu sammeln.
- Machen Sie diese passive und entspannende Meditation, so lange Sie wollen, jedoch mindestens fünf Minuten.

Stufe 3: Das Schließen der Wunde

Sie werden in Ihren Gefühlen und in Ihrem Handeln immer unabhängiger von Ihrem Expartner. In dieser Phase entdecken Sie neue Möglichkeiten und Herausforderungen, wandeln Angst in Tatkraft um, finden Ziele und Perspektiven, obwohl der Schmerz noch schwach vorhanden ist und Gefühle ambivalent sein können.

Visualisieren Sie einen wundervollen Morgen

Wenn Sie sich sehr viele Sorgen um die Zukunft machen, gehen Sie durch diese einfache Visualisierungsübung, die stressreduzierend ist und eine positive Grundstimmung schafft:

- Nehmen Sie die einfache Haltung ein.
- Visualisieren Sie einen wundervollen Morgen, so wie Sie ihn gern haben. Spüren Sie die kühle Luft, riechen Sie den frischen Duft des neuen Tages.
- Stellen Sie sich vor, dass sich alles zum Guten wendet. Was immer Sie sich wünschen, passiert. Sie sind in jeder Hinsicht erfolgreich, glücklich und erfüllt.
- Machen Sie diese Übung fünf Minuten.

Tipp: Visualisieren Sie diese Situation immer dann, wenn Ihre Sorgen zurückkommen. Fünf Minuten reichen, um Ihnen Kraft und Zuversicht zu schenken.

Stufe 4: Die Heilung

Jeder Tag bringt Sie Ihrem neuen Leben ein Stückchen näher. Die schmerzlichen Erinnerungen verblassen, Ihre positive Sichtweise lässt Sie die Trennung als notwendig und sinnvoll erachten. Sie erkennen, wie Sie durch die Erfahrung innerlich gewachsen sind, und merken, wie viel Sie an Stärke gewonnen haben. Nun müssen Sie Ihre ganze Kraft nutzen, um den Heilungsprozess endgültig abzuschließen.

Meditation, um neue Energie zu tanken

Diese Meditation gibt Ihnen Kraft und verleiht Ihnen dadurch die Fähigkeit, Ihr Leben zu meistern. Indem sie ein neues System aufbaut, das eine unmittelbare Verbindung zu Ihrem Pranakörper herstellt (dem feinstofflichen Teil von uns, der die Lebensenergie beherbergt), wird Ihnen soviel Energie zugeführt, wie Sie benötigen.

- Nehmen Sie mit gerader Wirbelsäule die einfache Haltung ein, strecken Sie die Arme nach vorne aus und halten Sie sie parallel zum Boden.
- Ballen Sie die rechte Hand zur Faust und umschließen Sie sie mit der linken. Die Daumen stehen nebeneinander gerade nach oben.
- Der Blick ist auf die Daumen gerichtet.
- Atmen Sie fünf Sekunden lang ein und ohne den Atem anzuhalten fünf Sekunden lang aus.
- Halten Sie den Atem nun für fünfzehn Sekunden an.
- Wiederholen Sie den Atemzyklus über drei bis fünf Minuten.
- Steigern Sie sich allmählich auf elf Minuten und versuchen Sie, die Atempause immer mehr zu verlängern.

Schlussbemerkung

Mit diesem Buch möchte ich Ihnen einen alternativen Weg aufzeigen, mit Liebeskummer und Trennungsschmerz umzugehen. Welche Meditationen und Übungen Sie auch auswählen – absichtlich gebe ich Ihnen keinen festen Übungsplan an die Hand –, lassen Sie Ihre Intuition entscheiden. Intuition ist das Wissen jenseits des Erlernten und das Gefühl jenseits der Emotionalität. Wenn Sie Ihre Intuition und Ihren neutralen Geist stärken und Vertrauen entwickeln, sind Sie auf dem richtigen Weg:

„Niemand außerhalb Ihres eigenen Selbstes kann Ihnen Freude geben. Sie müssen diese Freude in Ihrem tiefsten Innern finden." (Yogi Bhajan)

Literatur

Bhagavadgita, München 1996.

Harbhajan Singh Khalsa (Yogi Bhajan): Kundalini Yoga, Amsterdam 1980.

Harbhajan Singh Khalsa (Yogi Bhajan): The Ancient Art of Self-Healing, Oregon 1982.

Kerstin Leppert: Kurz-Meditationen – für die alltäglichen Notfälle und Krisen, München 2015.

Patanjali: Die Wurzeln des Yoga, kommentiert von P. Y. Deshpande, München 1995.

Ravi Singh: Kundalini Yoga for Strengh, Success and Spirit, White Lyon Press, 1991.

Sat Tara Kaur Khalsa: A first aid kit for divorce survival, 1995.

Harbhajan Singh Khalsa (Yogi Bhajan): Überlebenshandbuch, Amsterdam 1984.

Satya Singh: Das Kundalini Yoga Handbuch, München 2003.

Links

http://www.kundalini-yoga.com

http://www.3ho.de

http://www.yogibhajan.com

http://satnam.de

http://www.yogaundpilates.de

Über mich

Ich bin seit mehr als 25 Jahren Yogalehrerin und Buchautorin. Meine beiden Kinder aus erster Ehe sind erwachsen. Eigene Erfahrungen mit Liebeskummer und die erfolgreiche Heilung ihres Herzens sind in dieses Buch eingeflossen – heute bin ich glücklich zum zweiten Mal verheiratet. Weitere Informationen über mich und meine ihre Arbeit erfahren Sie unter www.yogaundpilates.de sowie www.gedichte-pur.de.

Herstellung und Verlag:
BoD- Books on Demand, Norderstedt
ISBN: 978-3-7528-6722-0